Hasem Enrique Curi Villanueva
Rafael Wilfredo Rojas Bujaico
Carlos Valqui Castañeda

Algoritmo para a identificação da perda de alunos

Hasem Enrique Curi Villanueva
Rafael Wilfredo Rojas Bujaico
Carlos Valqui Castañeda

Algoritmo para a identificação da perda de alunos

Algoritmo de regressão logística para a identificação da perda de alunos

ScienciaScripts

Imprint
Any brand names and product names mentioned in this book are subject to trademark, brand or patent protection and are trademarks or registered trademarks of their respective holders. The use of brand names, product names, common names, trade names, product descriptions etc. even without a particular marking in this work is in no way to be construed to mean that such names may be regarded as unrestricted in respect of trademark and brand protection legislation and could thus be used by anyone.

Cover image: www.ingimage.com

This book is a translation from the original published under ISBN 978-613-9-40426-1.

Publisher:
Sciencia Scripts
is a trademark of
Dodo Books Indian Ocean Ltd. and OmniScriptum S.R.L publishing group

120 High Road, East Finchley, London, N2 9ED, United Kingdom
Str. Armeneasca 28/1, office 1, Chisinau MD-2012, Republic of Moldova, Europe
Printed at: see last page
ISBN: 978-620-8-08579-7

Índice

Introdução

O abandono escolar é um problema complexo em todo o mundo devido a diferentes factores predisponentes que têm sido avaliados, mas sem sucesso na sua minimização ou prevenção. (Cázares & Páez, 2017).De igual modo Sánchez-Hernández et al. (2017) acrescenta que o dano também envolve as instituições e a sociedade; este problema na América Latina tornou-se um fenómeno comum e ainda mais que há pouca pesquisa que estima as percentagens de abandono e relata as suas causas. Da mesma forma MUÑOZ e MARTÍNEZ (2017) apelam à consciencialização da educação como desenvolvimento profissional na sociedade. As instituições de ensino superior devem conhecer as causas do abandono para as combater e garantir a sua carreira universitária. (Pedroza-Cruz et al., 2014).. É, pois, necessário adotar práticas e metodologias de apoio baseadas na realidade institucional. Os algoritmos de regressão logística constroem modelos preditivos para a tomada de decisão, e as suas aplicações são tão amplas quanto a capacidade criativa de cada um; no entanto, todas estas aplicações têm como objetivo detetar padrões nos dados, ou responder a determinadas questões de forma preditiva, poupando tempo no estudo dos dados.

As técnicas de classificação, como a análise discriminante ou a regressão logística, são adequadas para prever o êxito ou o fracasso, mas para a análise de dados sem necessidade de normalidade, é utilizada a regressão logística. (Jiménez et al., 2000).e Chitarroni (2002) refere que também são utilizadas para a análise explicativa.

Com base nas ideias acima expostas, surge a questão de pesquisa sobre a influência do algoritmo de regressão logística na identificação dos alunos que estão em risco de abandono da Universidade para o Desenvolvimento Andino. Dentro dessa perspetiva, o objetivo é demonstrar como o algoritmo de regressão logística influencia na identificação da deserção de alunos na Universidade para o Desenvolvimento Andino em 2019 e, ao mesmo tempo, identificar o padrão dos fatores de risco mais recorrentes nos alunos.

CAPÍTULO I

O PROBLEMA

1.1. Declaração do problema

Para Cecilia Rincón (2004), citada por Amaya et al. (2009) o abandono escolar é um fenómeno multicausal com factores subjectivos e socioeconómicos e relações professor-aluno e aluno-instituição.

O abandono escolar era considerado um fenómeno normal nos países latino-americanos, mas hoje em dia é visto como um fracasso económico tanto para o país como para as instituições de ensino, o que conduz a um grande problema. (Pérez et al., 2013).

As universidades não previnem o desgaste dos alunos nem criam algoritmos para ajudar a lidar com essas consequências, dedicam-se a planear a procura de cursos e secções, os exames e a controlar a assiduidade dos alunos e dos professores.

De acordo com a Universidade de Stanford, a Aprendizagem Automática é uma disciplina que se centra em diferentes tipos de algoritmos, como os algoritmos indutivos, para que estes "aprendam" com a informação que recebem e façam projecções. O que significa isto? A instituição introduz dados diariamente e o software aprende a tomar as suas próprias decisões com base nesses dados.

Atualmente, no Peru, algumas universidades centraram os seus estudos na população que abandona os estudos através do preenchimento de currículos para identificar as causas; no entanto, nenhuma delas quantifica o impacto dessas causas (socioeconómicas, académicas, pessoais ou institucionais) na decisão de abandonar os estudos. Velásquez et al. (2003) ... calculam o risco de abandono através do tempo que o estudante permanece na universidade" (p. 3). O abandono da universidade gera uma diminuição do capital humano no desenvolvimento económico do país.

Na Universidade para o Desenvolvimento Andino, a partir do momento em que um estudante se inscreve no exame de admissão a um curso de licenciatura, preenche um formulário de informação sobre os seus interesses, desafios e prioridades; uma vez inscrito, o estudante e os seus pais preenchem outros formulários complementares ao inicial; cada vez que se inscreve, o estudante, o pessoal administrativo e os professores acrescentam outros dados diretamente aos formulários académicos e administrativos do estudante; mas os dados servem apenas para informar o estudante sobre a sua situação académica e os outros dados não são utilizados para reforçar um plano de garantia de formação profissional.

Tabela 1

Número de inscrições e desistências durante o primeiro semestre

FACULDADES E CARREIRAS	SEMESTRE ACADÉMICO																	
	2017 - I			2017 - II			2018 - I			2018 - II			2019 - I			2019 - II		
	Inscrito	Ret / Des	% Ret/Des	Inscrito	Ret / Des	% Ret/Des	Inscrito	Ret / Des	% Ret/Des	Inscrito	Ret / Des	% Ret/Des	Inscrito	Ret / Des	% Ret/Des	Inscrito	Ret / Des	% Ret/Des
CIÊNCIA E ENGENHARIA																		
Ciências Agrárias		5	26.3%	5	0	0.0%	5	5	100.0%	0	0	0.0%			75.0%	0	0	0.0%
Engenharia informática	35		25.7%			13.3%			45.0%		1	8.3%	25	8	32.0%	10		40.0%
CIÊNCIAS HUMANAS E SOCIAIS																		
Educação infantil e bilingue	56		10.7%	10		20.0%			29.2%			50.0%		5	15.6%		0	0.0%
Ensino primário e bilingue	8	5	62.5%	1	0	0.0%			50.0%	0	0	0.0%		1	7.7%			50.0%
Ensino secundário e bilingue	31	8	25.8%	1	1	100.0%			23.5%	0	0	0.0%			33.3%			50.0%
TOTAL		33	22.2%		5	15.6%	70		38.6%			18.8%	91	23	25.3%		8	29.6%

Fonte: Registos Académicos da UDEA

A partir da tabela, verifica-se que nos últimos 3 anos tem havido um desgaste constante e isso reforça as ideias avançadas por diferentes autores; no ano letivo 2017-I houve uma entrada de 149 alunos, dos quais 33 alunos abandonaram os estudos nas diferentes carreiras, perfazendo uma taxa de desistência de 22.2% de desistência; da mesma forma, em 2017-II houve uma entrada de 32 alunos e 5 alunos desistiram (15,6% de desistência); em 2018-I, 70 alunos entraram e 27 desistiram (38,6% de desistência); 2018-II 16 alunos entraram e 3 alunos desistiram (18.8% de desistência); em 2019-I entraram 91 alunos e desistiram 23 alunos (25,3%); finalmente em 2019-II entraram 27 alunos e desistiram 8 alunos (29,3%).As consequências da deserção obrigam a recorrer a métodos e técnicas de Machine Learning para contrariar o problema; se esta situação se mantiver, a Universidade para o Desenvolvimento Andino ficará sem alunos e, possivelmente, com o encerramento de algumas faculdades e, no pior dos casos, com o seu encerramento definitivo.

1.2. Formulação do problema

1.2.1. Problema geral

- Como é que o algoritmo de regressão logística influencia a identificação do desgaste dos alunos na Universidade para o Desenvolvimento Andino 2019?

1.2.2. Problemas específicos

- Como é que o algoritmo de regressão logística influencia a identificação do desgaste dos alunos através do fator pessoal na Universidade para o Desenvolvimento Andino 2019?
- Como é que o algoritmo de regressão logística influencia a identificação do desgaste dos alunos através do fator académico na Universidade para o Desenvolvimento Andino 2019?

- Como é que o algoritmo de regressão logística influencia a identificação do desgaste dos alunos através do fator socioeconómico na Universidade para o Desenvolvimento Andino 2019?
- Como é que o algoritmo de regressão logística influencia a identificação do desgaste dos alunos através do fator aluno na Universidade para o Desenvolvimento Andino 2019?

1.3. Objectivos

1.3.1. Objetivo geral

- Demonstrar como o algoritmo de regressão logística influencia a identificação do desgaste dos alunos na Universidade para o Desenvolvimento Andino em 2019.

1.3.2. Objectivos específicos

- Demonstrar como o algoritmo de regressão logística influencia a identificação do desgaste dos alunos através do fator pessoal na Universidade para o Desenvolvimento Andino em 2019.
- Demonstrar como o algoritmo de regressão logística influencia a identificação do desgaste dos alunos através do fator académico na Universidade para o Desenvolvimento Andino em 2019.
- Demonstrar como o algoritmo de regressão logística influencia a identificação do desgaste dos alunos através do fator socioeconómico na Universidade para o Desenvolvimento Andino em 2019.
- Demonstrar como o algoritmo de regressão logística influencia a identificação do desgaste dos alunos através do fator aluno na Universidade para o Desenvolvimento Andino em 2019.

1.4. Justificação e importância

1.4.1. Justificação

1.4.1.1. Justificação teórica

A chave da aprendizagem automática é adotar uma árvore de decisão com base nos dados armazenados; as suas aplicações são tão vastas que os seus objectivos são detetar padrões de comportamento e factores de risco nos dados, ou responder a determinadas questões de forma preditiva, poupando tempo no estudo dos dados e na definição de estudos de caso que poderiam demorar semanas, meses ou mesmo anos.

A regressão logística é uma das principais técnicas quando se trata de classificar as caraterísticas dos dados sem exigir o teste da normalidade dos mesmos. (Castrillón et al., 2020)e, por conseguinte Arismendy Fuentes e Morales Parrado (2018) argumentam que o resultado é dicotómico e para Pérez et al. (2018) a sua análise consiste em estruturar um modelo preditivo capaz de produzir resultados inerentes à desistência do aluno; a construção do modelo é dada a partir dos conjuntos de dados que existem na universidade; assim, este trabalho de investigação baseia-se em prever se o aluno vai desistir ou não.

1.4.1.2. Justificação económica

Pérez et al. (2013) "...distingue a sustentabilidade económica do indivíduo, bem como o custo e o benefício obtido da instituição académica" (p. 2); consequentemente, a universidade e os estudantes beneficiarão do presente projeto.

1.4.1.3. Justificação metodológica

A investigação realizada aplica a metodologia de aprendizagem estatística para a classificação de padrões. (Arismendy Fuentes & Morales Parrado, 2018)Este facto justifica a aplicação do algoritmo de Regressão Logística de importância para as organizações em termos de tomada de decisão.

1.4.2. Importância

A investigação é importante porque aplica corretamente o algoritmo de Regressão Logística "... como técnica de classificação baseada nas caraterísticas dos dados" (Jiménez et al., 2000, p. 159). (Jiménez et al., 2000, p. 249) e, assim, identificar o possível desgaste dos alunos.

CAPÍTULO II

ENQUADRAMENTO TEÓRICO

2.1. Antecedentes da investigação

a) Pedrero (2021), na tese intitulada "Generalidades da aprendizagem automática e sua aplicação na gestão da saúde em serviços de emergência", chegou às seguintes conclusões

- Os cuidados de saúde geram um volume considerável de dados, que são difíceis de analisar com técnicas estatísticas convencionais. A este respeito, a ciência dos dados e as estratégias baseadas na aprendizagem automática são um recurso útil.
- Atualmente, as bases de dados disponíveis no nosso país, como as provenientes de registos electrónicos e até de imagens armazenadas, oferecem uma importante oportunidade para gerar conhecimento a partir dos dados existentes e fornecer feedback às organizações de saúde, contribuindo para a tomada de decisões.

b) Chucos e Vega (2022), na tese intitulada "Avaliação de algoritmos de aprendizagem automática na classificação de imagens de satélite multiespectrais, caso: Amazónia peruana", chegaram às seguintes conclusões:

- As imagens de satélite requerem um pré-processamento das correcções radiométricas e/ou atmosféricas antes da classificação com algoritmos de aprendizagem automática.
- Na classificação supervisionada, o algoritmo SVM e Naive Bayes apresentaram melhor precisão de 0,909 em comparação com o algoritmo de árvore de decisão 0,864, considerando o baixo número de dados no treinamento e validação do modelo de classificação.

c) Chavez (2019), na tese intitulada "Comparison between Logistic Regression and Neural Networks for predicting skin cancer in dogs", tira as seguintes conclusões:

- Determinou-se que, com a quantidade de dados de treinamento, que é considerada muito pequena para análise preditiva, observou-se que a rede neural backpropagation teve melhor treinamento do que o modelo de regressão logística e conseguiu obter uma melhor relação entre as variáveis dependentes e independentes.
- Nos testes efectuados, o modelo de rede neural foi mais propenso ao sobreajuste nos casos em que o conjunto de dados foi utilizado demasiadas vezes para treinar os modelos.

d) Asencio, Chiang, Crisóstomo, Hernández e Lajo (2021), no trabalho de suficiência profissional intitulado "Técnicas de Machine Learning para a classificação automática de clientes numa companhia de seguros", chegaram às seguintes conclusões:

- Os modelos que utilizam a Aprendizagem Automática têm a capacidade de "aprender" conhecimentos a partir do treino com informação existente. Estes modelos são altamente flexíveis, o que lhes permitiu desenvolver diferentes aplicações para diferentes ambientes e sectores.
- O mercado segurador peruano opera num ambiente altamente competitivo e imprevisível, pelo que é importante desenvolver ferramentas para capitalizar os pontos fortes e as oportunidades, e mitigar os pontos fracos e os riscos. Neste sentido, as ferramentas de Machine Learning têm o potencial de gerar eficiências dentro da empresa e promover o desenvolvimento de vantagens competitivas que afectam positivamente o desempenho global da empresa.

e) Aliaga, Calle, Pacori, Palma e Salinas (2022), no seu trabalho de competência profissional intitulado "Aplicação de técnicas de Machine Learning para identificar factores de previsão do estado das cotações no sector da maquinaria ligeira", chegaram às seguintes conclusões

- No presente trabalho, a construção de 4 modelos preditivos sob o tipo de aprendizagem supervisionada foi realizada através das seguintes técnicas: k-NN, Regressão Logística, SVM e Árvore de Decisão. Todos os modelos tiveram como objetivo prever o estado (aprovação ou rejeição) das cotações da empresa, de forma a agilizar a tomada de decisão relativamente aos empilhadores e assim evitar a perda de vendas devido a atrasos nos produtos.
- Das quatro técnicas de aprendizagem automática aplicadas, o modelo com a maior percentagem de previsões corretas é a Árvore de Decisão.

2.2. Base teórica

2.2.1. Aprendizagem automática

"A aprendizagem automática é a programação de computadores para otimizar um critério de desempenho utilizando dados de exemplos ou experiências anteriores. (Alpaydin, 2010, p. 42). Esta técnica cria sistemas que aprendem automaticamente, ou seja, identificam padrões complexos em milhões de dados e melhoram autonomamente ao longo do tempo para gerar decisões e resultados fiáveis (Gonzales, 2014).

2.2.2. Algoritmos de aprendizagem automática

2.2.2.1. Regressão linear

A regressão linear ajusta uma linha (plano ou hiperplano) ao conjunto de dados, é poderosa, simples e rápida (Microsoft, 2016). A regressão linear pertence à categoria de aprendizagem supervisionada e é regressão na medida em que o seu resultado são valores contínuos. O objetivo da regressão é minimizar o erro entre a função aproximada e o valor aproximado. Whitten e Frank (2005) indicam que, quando a saída ou a classe é numérica e todos os atributos são numéricos, a regressão linear é uma técnica natural a considerar. Além disso, a ideia é exprimir a classe como uma combinação dos atributos, com determinados pesos.

$x = w_0 + w_1\alpha_1 + w_2\alpha_2 + \ldots + w_k\alpha_k$

Onde x é a classe; $\alpha_1, \alpha_2, \ldots, \alpha_k$ são os valores dos atributos; e $w_1, w_2, \ldots, w_k$ são os pesos. Os pesos são calculados a partir dos dados de treino. É necessária uma forma de exprimir os valores de treino.

2.2.2.2. Regressão logística

A regressão logística é, de facto, uma ferramenta eficaz para a classificação de duas e várias classes, é rápida e simples e a utilização de uma curva em forma de S em vez de uma linha reta torna-a ideal para dividir os dados em grupos (Microsoft, 2016). Whitten e Frank (2005) indicam que a regressão logística constrói um modelo linear com base numa variável-alvo. Em primeiro lugar, suponha que existem apenas duas classes. A regressão logística substitui a variável-alvo original.

$Pr[1 | \alpha_1, \alpha_2, \ldots, \alpha_k]$

Que não pode ser aproximado com exatidão através de uma função linear, com

$\log(Pr[1 | \alpha_1, \alpha_2, \ldots, \alpha_k]) / (1 - Pr[1 | \alpha_1, \alpha_2, \ldots, \alpha_k])$

Os valores resultantes já não estão limitados ao intervalo de 0 a 1, mas podem estar em qualquer lugar entre o infinito negativo e o infinito positivo. A função que define estes valores é designada por função sigmoidal e é suportada pela utilização do método de otimização de descida de gradiente. A variável transformada é aproximada através de uma função linear, tal como as geradas pela regressão linear. O modelo resultante é com pesos w.

$Pr[1 | \alpha_1, \alpha_2, \ldots, \alpha_k] = 1/(1 + \exp(-w_0 - w_1\alpha_1 - \ldots - w_k\alpha_k))$.

2.2.3. Retenção de alunos

"A retenção refere-se à persistência dos estudantes num programa de estudos universitários até atingirem o seu grau ou diploma" (Himmel, 2002, p. 94). (Himmel, 2002, p. 94)

A obtenção do diploma no tempo estabelecido pelo plano de estudos ou o tempo adicional pode ser dado devido a problemas de repetição, suspensão de estudos ou por razões pessoais apenas alguns cursos a menos do que o estabelecido; tudo isto está relacionado tanto com o estudante como com as caraterísticas do programa e do seu currículo. (Himmel, 2002).

As instituições dos Estados Unidos e da Europa desenvolveram estudos para detetar os factores que motivam as desistências, bem como programas para abordar esses pontos fracos e transformá-los em pontos fortes, sendo o conceito de **"pertença do estudante"** a chave para conduzir todo o processo. Desta forma, foi concebida e aplicada uma grande variedade de **estratégias de retenção** em universidades e colégios de todas as dimensões, tanto públicos como privados.

Ao planear e implementar estas estratégias, as instituições concordam geralmente que as melhores são aquelas em que todos os estudantes estão empenhados e em que "a esfera académica é o local mais importante para fomentar o empenho que cria um sentimento de pertença. Isto coloca o ensino e a pedagogia de alta qualidade, centrados no estudante, no centro do sucesso e da **retenção efectivos dos estudantes**", explicou a Deloitte num seminário sobre retenção na Irlanda.

2.2.4. Deserção de estudantes

É a retirada prematura de um estudante de um programa de estudos antes de atingir o grau académico, considerando um tempo consideravelmente longo para o reingresso. (Himmel, 2002).

Para (Páramo & Correa Maya, 2012) define o abandono como "... o abandono definitivo da sala de aula por diferentes razões e a falta de continuidade na formação académica, que a sociedade quer e deseja... para concluir com felicidade os estudos universitários".

Por outro lado (Amaya et al., 2009) identifica o abandono dos alunos como um problema social "... o abandono deve-se mais a factores socioeconómicos... como um fenómeno multicausal, no qual os factores subjectivos desempenham um papel..." (p. 98).

2.2.4.1. Natureza do desgaste

Muito se fala sobre o problema do abandono escolar, mas não se analisa a partir da sua natureza; é uma obrigação das entidades universitárias estabelecer estratégias administrativas, académicas e de integração dos seus estudantes para que possam concluir com êxito as suas carreiras profissionais. (Páramo & Correa Maya, 2012)..

2.2.4.2. Tipos de desgaste

Podemos considerar o abandono voluntário e involuntário; o primeiro é a decisão do próprio aluno de desistir ou abandonar o curso sem aviso prévio; o segundo é a decisão da instituição com base nas suas regras em vigor, como o desempenho académico ou actos de indisciplina. (Himmel, 2002).

(Páramo & Correa Maya, 2012) considera:

- **Desistência total:** abandono definitivo da formação académica individual.
- Desistência discriminada por causa: de acordo com a causa da decisão.
- Desistência por docente (escola ou departamento): Mudança de Faculdade - Faculdade.
- **Abandono no primeiro semestre de estudos**: devido a uma adaptação inadequada à vida universitária.
- **Desistência acumulada**: A soma das desistências numa instituição.

2.2.4.3. Causas de desgaste

Álvarez, J. M. (1997:49) citado por Amaya et al. (2009) associa 4 factores às causas:

Factores pessoais: constituídos por consequências psicológicas como "motivacionais, emocionais, inadaptação e insatisfação de expectativas; razões sociológicas, devidas a influências familiares e de outros grupos... colegas de turma, vizinhos; e outras razões não classificadas como a idade, a saúde, a morte" (Amaya et al., 2009, p. 98). (Amaya et al., 2009, p. 98).

Factores académicos: Trata-se de problemas cognitivos, tais como: "... baixo rendimento académico, repetição, falta de disciplina e de métodos de estudo; deficiências universitárias, tais como dificuldades nos programas académicos... insatisfação académica... falta de orientação profissional... e falta de aptidão académica" (Amaya et al., 2009, p. 98). (Amaya et al., 2009, p. 98).

Factores socioeconómicos: são dados por "baixos rendimentos familiares, desemprego, falta de apoio familiar, incompatibilidade de horários entre trabalho e estudo" (Amaya et al., 2009, p. 98). (Amaya et al., 2009, p. 98)..

Factores institucionais: este fator é causado pela "mudança de instituição, deficiência administrativa, influência negativa dos professores e de outras pessoas na instituição, programas académicos obsoletos e rígidos, baixa qualidade educativa" (Amaya et al., 2009, p. 98). (Amaya et al., 2009, p. 98)..

2.2.4.4. Abordagens à análise do desgaste e da retenção

Braxton et al. (1997) referido por (Himmel, 2002) as abordagens de grupo para a análise do abandono e da retenção podem ser agrupadas em cinco categorias com ênfase nas variáveis individuais, institucionais ou do ambiente familiar:

- Psicológico
- Económico

- Sociológico
- Organizacional
- De interações

Diferentes investigações tomaram estas abordagens como enquadramento; por exemplo, a abordagem psicológica centra-se nos traços de personalidade que os estudantes que concluem os seus estudos têm em relação aos que abandonam os mesmos; Fishbein e Ajzen (1975) também referidos por (Himmel, 2002) sugerem:

"Que as intenções de uma pessoa são o resultado das suas crenças, que influenciam as suas atitudes e a levam a manifestar um comportamento. A intenção comportamental de um indivíduo é, portanto, uma função da sua atitude em relação ao comportamento e das normas subjectivas que tem sobre ele" (p. 96).

Attinasi (1986) citado por Himmel (2002) incorpora a ideia de que a persistência ou o abandono dos estudantes é influenciada pelas suas percepções e análise da sua vida dentro da universidade. "Desta forma, fazem uma avaliação do significado desta análise para a sua subsequente retenção ou abandono" (Himmel, 2002, p. 4). (Himmel, 2002, p. 97).. O apoio familiar influencia o autoconceito e as aspirações académicas. Também Ethington referido por (Himmel, 2002) refere que o nível de aspirações está relacionado com os valores e as expectativas de sucesso que envolvem o autoconceito académico e a perceção das dificuldades dos estudos. "Tanto os valores como as expectativas de sucesso influenciam, por sua vez, a persistência na universidade" (Himmel, 2002, p. 4). (Himmel, 2002, p. 98)ver Figura 1.

O fator sociológico está orientado para os factores externos do estudante Spady referidos por Himmel (2002, pp. 99-100) baseia-se em:

... na teoria do suicídio de Durkheim (1897/1951), que postula que o suicídio é o resultado da rutura do indivíduo com o sistema social devido à sua incapacidade de se integrar na sociedade. A probabilidade de suicídio aumenta quando a consciência moral é baixa (baixa congruência normativa) e a afiliação social é insuficiente (baixo apoio das relações sociais). Spady argumenta que estes mesmos tipos de integração afectam diretamente a retenção dos estudantes na universidade. Sugere que o desgaste é o resultado da falta de integração dos estudantes no ambiente do ensino superior (pp. 98-99).

Segundo Spady citado por Himmel (2002) refere que "... o ambiente familiar influencia o potencial académico e a congruência normativa" (p. 99), ver figura 2 onde:

> a congruência normativa actua diretamente sobre o desempenho académico, o desenvolvimento intelectual, o apoio dos pares e a integração social. O apoio dos pares tem igualmente um efeito sobre a integração social. Esta última influencia a satisfação do estudante com a sua inserção na universidade e contribui para reafirmar o seu empenhamento institucional. (Himmel, 2002, p. 99).

2.2.4.5. Caraterísticas do defector

Páramo e Correa Maya (2012, p. 69) afirmam que os alunos em risco de abandono escolar são aqueles que apresentam caraterísticas semelhantes às do abandono:

- Baixo aproveitamento das oportunidades educativas.
- Problemas disciplinares.
- Filhos de pais que não se interessam pela educação.
- Problemas com a justiça.
- Falta-lhes motivação e interesse no seu trabalho educativo.
- Baixo estatuto socioeconómico ou ausência de escolha económica.
- Absentismo escolar.
- Problemas de saúde psicossomáticos.
- Problemas relacionados com a idade.
- Relações interpessoais inadequadas.

- Provêm de ambientes familiares e sociais violentos.
- Pouca empatia pelo trabalho dos seus pares.
- Resistência ao desenvolvimento de actividades de formação.
- Falta de apetência pelo conhecimento.
- Falta de motivação para estudar e para a universidade.

2.2.4.6. Variáveis associadas ao desgaste

Páramo e Correa Maya (2012, pp. 69-70) associa variáveis com impactos diferentes e categorizados:

- Ambientes educativos universitários em que o estudante está imerso.
- Ambientes familiares.
- Processo educativo e acompanhamento dos estudantes na sua formação.
- Idade. A maioria dos estudantes universitários é muito jovem.
- Adaptação social do aluno que abandonou a escola com os seus pares ou homólogos.
- Baixos níveis de compreensão associados a falta de interesse e apatia pelos programas curriculares.
- Modelos pedagógicos universitários diferentes dos do bacharelato, que impõem um elevado nível de exigência.
- Programas de microcurrículos universitários rígidos em relação aos do ensino secundário.
- Avaliações exaustivas e esmagadoras
- Cursos não associados ou não aplicáveis à sua prática profissional.
- Factores económicos.
- Orientação profissional.
- Massificação da educação.

Problemas financeiros

É o principal sinal de angústia do estudante e um dos principais factores de previsão do abandono escolar. Os problemas financeiros são geralmente causados pela perda de emprego de quem paga a faculdade (seja o estudante, um dos pais ou um tutor), o que pode acrescentar um fator de stress ao que já é um problema grave de falta de dinheiro.

Por exemplo, de acordo com o Times Higher Education, 1 em cada 4 estudantes na Alemanha tende a abandonar a escola devido a problemas financeiros, a uma má relação com o professor ou à falta de motivação.

A escritora e editora Margerite McNeal descreve como este problema se tornou cada vez mais complicado em países como os Estados Unidos devido ao endividamento dos estudantes. Quarenta por cento dos que suportam este encargo não estão a pagar as suas prestações, alimentando um ciclo vicioso de dívidas que os obriga a abandonar a escola. Cita o antigo Secretário da Educação dos EUA, Arne Duncan, que salienta que "o curso mais caro é aquele que não se conclui".

Segundo o site Collegeview.com, alguns estudantes "subestimam os custos da universidade e apercebem-se demasiado tarde de que não têm dinheiro para os pagar. Outros decidem que é mais conveniente ganhar dinheiro trabalhando a tempo inteiro do que tirar um curso caro.

Fraca preparação para a escola

Embora as universidades estejam a tratar das deficiências dos estudantes quando chegam da escola, em áreas como a língua e a matemática, alguns estudantes chegam a um ponto em que ficam sobrecarregados e abandonam a escola.

Margerite McNeal é dura quando diz que, nos EUA, "as instituições de ensino superior apontam o dedo às faculdades por enviarem estudantes mal preparados que desistem por não conseguirem acompanhar a carga de trabalho. Mas as universidades não são vítimas inocentes. Poderiam estar a fazer mais para ajudar os estudantes a ter sucesso antes mesmo de se matricularem".

Não se trata apenas do nível académico de cada curso, mas também da atitude psicológica. Por exemplo, o Times Higher Education revela que, em Espanha, alguns dos que entram na universidade vindos de cursos técnicos "têm dificuldade em familiarizar-se com a parte teórica do seu curso. Outros sentem-se desorientados com a mudança de um ambiente escolar estruturado para um mundo universitário mais autónomo.

A carreira não convence o estudante

Qualquer professor universitário verifica duas tendências: o curso não correspondeu às expectativas do estudante ou não foi a sua primeira escolha profissional.

Nos Estados Unidos, quando os caloiros ou os alunos do segundo ano são questionados sobre a sua especialização ou especialização no início do semestre, respondem: "Ainda não decidi".

Na América Latina, o panorama é um pouco diferente. Em países como o Chile, os estudantes de 17 ou 18 anos são obrigados a escolher uma especialização que dura 4 a 7 anos, antes mesmo de terem definido a sua vocação.

Assim, os estudantes das disciplinas com menores barreiras à entrada - como as ciências sociais - têm taxas de abandono mais elevadas do que os das disciplinas com maiores barreiras à entrada, como a medicina.

Felizmente, este quadro está a mudar, uma vez que cada vez mais universidades estão a integrar modelos *universitários,* com sistemas comuns de bacharelato e currículos comuns, em que os estudantes têm mais orientação antes de decidirem sobre uma carreira.

Conflito entre estudos, família e trabalho

Acontece tanto em cursos de licenciatura como de pós-graduação. De acordo com um estudo realizado pela Fundação Bill e Melinda Gates em 2009, a razão número um para o abandono escolar foi o conflito de interesses entre a escola, o trabalho e a casa.

"Muitos estudantes que abandonam a universidade têm de trabalhar enquanto estudam. Muitas vezes têm dificuldade em sustentar-se a si próprios, às suas famílias e frequentar a universidade ao mesmo tempo. Muitos têm filhos que dependem deles e inscrevem-se a tempo parcial. Muitos não têm apoio financeiro suficiente dos pais ou de programas de bolsas de estudo.

Embora se trate de uma questão financeira, há outros elementos subjacentes a este equilíbrio entre trabalho e estudo. Três em cada quatro inquiridos no inquérito da Fundação afirmaram que o trabalho contribuiu para a decisão de abandonar a escola e um em cada três disse que equilibrar o trabalho e os estudos era "demasiado stressante".

Quando falhamos constantemente nos assuntos

Não se trata de chumbar a uma ou duas disciplinas. Os alunos podem sentir-se sobrecarregados quando têm de repetir muitas disciplinas de iniciação, e a reprovação é a norma e não um caso isolado. Para além da enorme carga de trabalho, os alunos ficam stressados e a motivação é reduzida por muitos outros factores:

Sentem que "não conseguem lidar" com o trabalho que têm pela frente.

Estão aterrorizados com a possibilidade de terem de pagar mais um ano de estudos.

Lamentam que os seus pares estejam a avançar mais do que eles.

Sentem-se desencorajados.

Sentem que, apesar de gostarem da carreira, a disciplina não é para eles.

Falta de interação de qualidade com professores e conselheiros

Um rácio elevado entre professores e alunos não só prejudica a qualidade da educação, como também proporciona uma experiência de aprendizagem desagradável para os alunos. Não é muito personalizado e, no fim de contas, não consegue motivar os alunos.

Muitos especialistas em educação concordam que a experiência de aprendizagem seria melhorada se os professores e as faculdades trabalhassem mais pessoalmente com os alunos. Sir Ken Robinson, um dos principais académicos da área da educação, é muito crítico em relação a esta falta de consciência. Salienta que as escolas que funcionam bem "contratam professores que tratam os alunos como indivíduos e que precisam de os estimular, não são adereços montados cegamente".

Do mesmo modo, Pedro A. Willging e Scott D. Johnson, do Departamento de Educação de Recursos Humanos da Universidade de Illinois em Urbana-Champaign, estudaram as taxas de desgaste do ensino à distância e explicam que as razões específicas para o desgaste incluíam níveis muito elevados de insatisfação e a sensação de que existia "um ambiente de aprendizagem despersonalizado".

Ambiente desmotivante

Alguns resumem-no simplesmente: "Saí porque me aborreci". No entanto, há algo mais importante por detrás desta falta de empenhamento dos estudantes.

Por conseguinte, é importante detetar estes sentimentos. Um estudo efectuado pelo portal GradNation.org revelou as principais razões expressas pelos estudantes para abandonarem a universidade. Muitos revelam uma tendência significativa para um mau ambiente na sala de aula:

- "Ninguém se importava com a minha presença".
- Havia uma má "atmosfera estudantil".
- Houve "problemas com o professor e com a escola".

Falta de apoio aos estudantes

Esta questão transcende a carteira de qualquer estudante, a capacidade de qualquer professor e o nível de dificuldade de qualquer curso. Envolve todo o processo académico e de gestão da instituição de ensino superior. Os estudantes podem estar a sofrer de uma mistura de problemas como os explicados acima.

É possível que, individualmente, possam levar-nos a abandonar a escola. No entanto, quando dois ou mais factores se somam, deve haver um alerta no campus.

Os estudantes não abandonam a universidade "só porque sim". Um estudante pode ter problemas financeiros, mas está motivado pela sua carreira e pelas aulas.

Talvez não queira desistir dos seus estudos, mas negoceie uma forma de os adiar por um ou dois semestres e de os retomar mais tarde.

No entanto, se o aluno não estiver motivado, as hipóteses de abandonar a escola são muito maiores.

Um estudante não tem problemas financeiros, mas está a reprovar em todas as disciplinas.

Se for apoiado a tempo, pode ser resolvido.

Mas quando o aluno é sobrecarregado com matérias cada vez mais difíceis que não consegue digerir, acaba por desistir.

Um aluno está a chumbar a várias disciplinas, mas continua a tentar terminar o curso.

Se tiver vocação para ser psicólogo, advogado ou enfermeiro, estará disposto a prolongar os seus estudos por mais anos.

Mas quando acrescentamos um sentimento de desmotivação, em que o aluno não sabe para onde remar o barco, ele pode querer ir-se embora.

Os estudantes precisaram de muito esforço e de um longo processo de recrutamento e admissão antes de poderem entrar na universidade. Por conseguinte, não abandonam os seus estudos de um dia para o outro.

Antes de saírem da universidade, passam por um processo de reflexão e podem procurar ajuda algures. Quando não encontram ajuda, entram num ciclo vicioso de sentimentos contraditórios: isolamento, frustração, diminuição da autoestima, confusão, até desistirem.

2.3. Formulação da hipótese

2.3.1. Hipótese geral

- O algoritmo de regressão logística influencia significativamente a identificação do desgaste dos alunos na Universidade para o Desenvolvimento Andino 2019 .

2.3.2. Hipótese específica

- O algoritmo de regressão logística influencia significativamente a identificação do desgaste do aluno através do fator pessoal na Universidade para o Desenvolvimento Andino 2019 .
- O algoritmo de regressão logística influencia significativamente a identificação do desgaste dos alunos através do fator académico na Universidade para o Desenvolvimento Andino 2019.
- O algoritmo de regressão logística influencia significativamente a identificação do desgaste dos alunos através do fator socioeconómico na Universidade para o Desenvolvimento Andino 2019.
- O algoritmo de regressão logística influencia significativamente a identificação do desgaste do aluno através do fator aluno na Universidade para o Desenvolvimento Andino 2019.

2.4. Definição de termos

2.4.1. Aprendizagem automática

"A aprendizagem automática é a programação de computadores para otimizar um critério de desempenho utilizando dados de exemplos ou experiências anteriores. (Alpaydin, 2010, p. 42).

2.4.2. Regressão logística

"A regressão logística constrói um modelo linear com base numa variável-alvo. Suponha primeiro que existem apenas duas classes. A regressão logística substitui a variável-alvo original". Whitten e Frank (2005)

2.4.3. Deserção de estudantes

Entende-se por abandono que "não só a instituição sofre financeiramente, mas também a fuga leva a uma redução dos padrões de admissão e, por isso, precisamos de recrutar ainda mais estudantes para o primeiro ano para preencher os lugares que de outra forma não seriam necessários". Universidade de Griffith (2016)

2.4.4. Bem-estar na universidade

Função institucional da Universidade, constituída pelo conjunto de serviços e actividades que visam o desenvolvimento físico, psico-afetivo, espiritual e social dos estudantes, professores e pessoal administrativo (Instituto Internacional para a Educação Superior na América Latina e nas Caraíbas IESALC (2007). Op. cit).

2.4.5. Programa de tutoria

É o serviço personalizado de orientação individual ou em grupo e de assistência pedagógica ao aluno, durante o processo de aprendizagem a distância, como meio de apoio para tornar efectiva a formação profissional integral, entendida como a realização profissional e o desenvolvimento pessoal e social do aluno (Ministério da Educação Direção Nacional de Gestão Educativa, 2012).

2.5. Identificação de variáveis

VARIÁVEL	DEFINIÇÃO CONCEPTUAL/OPERACIONAL	DIMENSÕES	INDICADORES	FERRAMENTAS INSTRUMENTOS	ESCALA DE MEDIÇÃO (Resultado)	TIPO DE VARIÁVEL
DEPENDENTE Regressão logística	Ferramenta eficaz para a classificação de duas e várias classes, é rápida e simples, utilizando uma curva em forma de S em vez de uma linha reta, o que a torna ideal para dividir os dados em grupos (Microsoft, 2016).	**Modelo linear generalizado** Técnica utilizada para modelar uma variável de resposta categórica em função de variáveis preditoras contínuas ou categóricas. (Reche, 2013, p. 1)..	Variável de resposta Variável explicativa	Relatório de resultados	1. Sucesso 2. Falha	Qualitativo Dicotómico
INDEPENDENTE Deserção de estudantes	É a retirada prematura de um estudante de um programa de estudos antes de atingir o grau académico; considerando um tempo consideravelmente longo para o reingresso (Himmel, 2002).	**Factores pessoais** Trata-se de consequências psicológicas, como "motivacionais, emocionais, desajustamento e insatisfação de expectativas; razões sociológicas, devido a influências familiares e de outros grupos... colegas de turma,	Incidências de factores familiares	1. Especificações técnicas 2. Questionário		Qualitativo Politómico

		vizinhos; e outras razões não classificadas, como a idade, a saúde, a morte" (Amaya et al., 2009, p. 98).				
		Factores académicos Trata-se de problemas cognitivos, tais como: "... baixo rendimento académico, repetição, falta de disciplina e de métodos de estudo; deficiências universitárias, tais como dificuldades nos programas académicos... insatisfação académica... falta de orientação profissional... e falta de aptidão académica" (Amaya et al., 2009, p. 98).	Incidentes de fator académico			
		Factores socioeconómicos Estas devem-se a "baixos rendimentos familiares, desemprego, falta de apoio familiar, incompatibilidade de horários de trabalho e de estudo" (Amaya et al., 2009, p.	Incidências de factores económicos Incidências de factores sociais			

		98).				
		Factores institucionais É dada pela "mudança de instituição, deficiência administrativa, influência negativa dos professores e outras pessoas na instituição, programas académicos obsoletos e rígidos, baixa qualidade educativa" (Amaya et al., 2009, p. 98).	Incidentes de factores institucionais			

CAPÍTULO III

METODOLOGIA DE INVESTIGAÇÃO

3.1. Tipo de investigação

O objetivo da investigação é de tipo aplicado ou tecnológico porque o algoritmo selecionado mede o sucesso ou insucesso da deserção, para tal foi necessário efetuar a recolha de informação, que foi realizada nos escritórios da instituição (Hernández, Fernández, & Batista, 2014).

3.2. Nível de investigação

O trabalho de investigação tem um âmbito ou nível preditivo, uma vez que explica o comportamento de uma variável em função de outra; como estudos de causa-efeito, requerem controlo e devem satisfazer outros critérios de causalidade.

3.3. Método de investigação

Método empírico: Inclui uma série de procedimentos práticos sobre o objeto, que permitem revelar as suas caraterísticas fundamentais e relações essenciais, acessíveis à contemplação sensorial, baseadas na experiência e expressas numa linguagem específica.

- Inquérito
- Entrevista

Método Matemático Estatístico: Permite medir os resultados dos dados recolhidos através dos instrumentos aplicados por meio de tabelas e cálculos matemáticos.

3.4. Conceção da investigação

De acordo com (Hernández, Fernández, & Batista, 2014), a pesquisa a ser realizada tem as caraterísticas para ser considerada uma pesquisa não-experimental ou observacional do tipo transversal retrospetiva, pois utiliza as informações contidas no banco de dados da Universidade.

X = É o tratamento, estímulo ou condição experimental.

3.5. População, amostra e amostragem

População : 203 alunos (primeiro ciclo)

Amostra 133 estudantes

Tabela 2

Cálculo da amostra estratificada

Estratos	Número de estudantes	Cálculo da amostra E= (n/N)*T	Amostra estratificada
Formação inicial		(32/203)*133	**21**
Ensino primário	48	(48/203)*133	**31**
Ensino secundário	43	(43/203)*133	
Engenharia informática		(41/203)*133	
Ciências Agrárias		(39/203)*133	**26**
Total	**203**		**133**

Fonte: Gabinete de Admissões da UDEA

Elaboração própria

Uma vez obtida a quantidade de amostras para cada estrato da população total, será aplicado um questionário.

Amostra: 133 estudantes

Amostragem aleatória simples

3.6. Técnicas e instrumentos de recolha de dados

Técnicas:

- Inquérito

Instrumentos:

- Questionários

3.7. Técnicas de tratamento e análise de dados

- Em primeiro lugar, será realizado um inquérito aos estudantes.
- Os professores serão depois entrevistados.
- Em seguida, será efectuada uma entrevista com as partes interessadas.
- Será também aplicado um inquérito para fornecer informações valiosas sobre as variáveis em estudo.

3.8. Descrição do teste de hipóteses

Para efeitos do presente estudo, serão aplicados os instrumentos mencionados nos anexos. Para o tratamento dos dados, os dados recolhidos serão introduzidos num software que permite efetuar operações estatísticas, no nosso caso o Excel 2019, por ser um programa de fácil utilização e pelas suas vantagens para a obtenção de informação estatística.

Foram aplicadas técnicas de estatística descritiva para cada um dos itens utilizando a distribuição de frequências absolutas e a frequência relativa para a análise percentual que permitiram avaliar as variáveis deste estudo. Após a esquematização das tabelas e gráficos, foi incorporada a apresentação da análise e interpretação da informação obtida. Para o teste de hipóteses, será utilizada a estatística do Quadrado de Che. Através das diferenças de médias, será determinado se a hipótese nula é rejeitada ou aceite.

CAPÍTULO IV

IMPLEMENTAÇÃO DO ALGORITMO DE REGRESSÃO LOGÍSTICA

Este capítulo permitir-nos-á analisar e implementar o algoritmo de regressão logística para prever se um aluno abandona ou não a escola, através da implementação de algoritmos de regressão logística supervisionada.

4.1. Formação de modelos

Nesta parte, foi implementado um modelo para determinar as probabilidades de abandono escolar de cada aluno com base nos resultados do nosso algoritmo de regressão logística baseado no treino (70%) e no teste (30%). Para isso, trabalhámos com os dados históricos dos alunos dos primeiros ciclos, classificando-os por sexo, idade e pelos factores propostos na investigação.

Para a recolha de informação, foram identificados 133 estudantes, classificando as suas respostas com base em 4 factores (pessoais, académicos, sociais e institucionais) e na decisão de permanecerem activos (1) ou de se retirarem (0). Para a validação dos resultados que o algoritmo fornece, foi utilizada a plataforma Anaconda e o ambiente de desenvolvimento Jupyter Notebook com a linguagem de programação Python.

A figura acima importa as diferentes bibliotecas Python, definindo que numpy é importado para trabalhar com fórmulas matemáticas no ambiente Python, pandas é importado para trabalhar com os dados em formato csv para o nosso caso, finalmente maplotlib é usado para obter os diferentes gráficos.

A figura mostra o endereçamento dos dados com os quais o algoritmo terá de ser desenvolvido.

A figura acima mostra o tamanho da nossa matriz de dados, que é de 133 registos (linhas) e 9 colunas.

O gráfico seguinte mostra o estado (1 ativo, 0 retirado) dos alunos para cada um dos factores em relação à média cumulativa.

Fator académico versus média acumulada

Fator pessoal vs. média acumulada

Ilustração 1Fator pessoal VS Média acumulada

Fator social vs. média acumulada

Ilustração 2Fator socioeconómico VS Média acumulada

Fator institucional vs. média acumulada

Ilustração 3Fator institucional VS Média acumulada

A figura seguinte mostra um gráfico de barras para cada uma das colunas dos nossos dados.

A imagem seguinte mostra a importação das bibliotecas de regressão logística para dividir os dados em teste e treino, bem como para verificar a exatidão do modelo.

Na imagem abaixo, dividimos os dados em 70% para treino e 30% para teste de forma proporcional.

Nas linhas de código seguintes, são apresentados os dados de treino de 5 alunos e, em seguida, é apresentada a condição dos alunos.

Abaixo estão as próximas linhas de código para os dados de teste de 5 alunos e, em seguida, mostrar a condição dos alunos.

Na imagem seguinte, o algoritmo SVM (Support Vetor Machine) é selecionado e o modelo preditivo é ajustado para treinar o algoritmo com os dados já definidos e o seu resultado e, em seguida, os dados de teste preditivos são passados para o algoritmo treinado para verificar a precisão do algoritmo.

Na imagem seguinte, o algoritmo de regressão logística é selecionado e o modelo para treinar o algoritmo é ajustado com os dados de treino e o seu resultado e, em seguida, os dados de teste previstos são passados para o algoritmo treinado para verificar a precisão do algoritmo.

Na imagem seguinte, o algoritmo da árvore de decisão é selecionado para realizar a aprendizagem automática e ajustar o modelo de treino com os dados de treino e o seu resultado e, em seguida, passar os dados de teste previstos para o algoritmo treinado para verificar a precisão do algoritmo.

Na imagem seguinte, o algoritmo KNN (k nearest neighbours) é selecionado para estimar a densidade preditiva e ajustar o modelo para treino com os dados e o seu resultado e, em seguida, passar os dados de teste preditivos para o algoritmo treinado para verificar a precisão do algoritmo.

Este modelo preditivo, através de algoritmos de aprendizagem automática supervisionada (regressão logística), foi utilizado para avaliar 133 estudantes que foram notificados por factores pessoais, académicos, sociais e institucionais pelo gabinete académico, com o seguinte resultado

Tabela 3

Desistências de alunos

Número	idade	sexo	PF	FA	FS	FI	média	condição
1	21	1	3.40	3.00	2.60	3.20	3.05	ativo
		1	3.20	2.80	2.00	3.40	2.85	retirado
		0	3.40	3.00	2.40	2.80	2.9	retirado
		1	3.80	3.00	3.20	3.40	3.35	ativo
5		0	3.60	3.20	2.80	3.80	3.35	ativo
	25	1	3.60	3.20	3.20	3.40	3.35	ativo
		0	2.60	2.80	3.00	2.60	2.75	retirado
8		1	3.00	3.20	3.60	3.40	3.3	ativo
		1	3.40	2.20	3.20	4.20	3.25	ativo
10		1	4.20	3.00	2.60	3.60	3.35	ativo
		1	3.80	3.20	2.20	2.80		retirado
		0	3.40	3.00	2.80	3.60	3.2	ativo
		0	3.00	3.20	2.80	3.40	3.1	ativo
		1	3.00	3.80	2.00	3.00	2.95	retirado
		1	3.00	3.40	2.60	3.20	3.05	ativo
		1	3.20	2.80	3.20	3.40	3.15	ativo

		0	3.20	2.40	2.80	3.80	3.05	ativo
	21	1	2.80	2.80	3.40	3.00		retirado
	23	1	4.20	3.40	2.80	3.00	3.35	ativo
		0	2.60	2.60	3.60	2.40	2.8	retirado
21		1	3.20	3.60	3.80	3.40	3.5	ativo
	21	0	3.60	3.40	3.40	3.40	3.45	ativo
23	23	1	3.80	3.00	3.60	3.40	3.45	ativo
		0	3.20	2.80	3.20	3.80	3.25	ativo
25		0	3.20	3.00	3.00	3.40	3.15	ativo
26		1	2.80	2.60	2.60	3.40	2.85	retirado
		1	2.80	3.40	3.20	3.20	3.15	ativo
	21	1	3.00	3.00	2.60	3.80	3.1	ativo
29		1	4.20	2.80	3.00	3.40	3.35	ativo
30		0	3.40	2.60	3.40	2.80	3.05	ativo
31		1	3.60	3.60	3.40	4.20	3.7	ativo
		0	3.40	3.00	3.40	2.80	3.15	ativo
		1	3.60	3.20	3.20	3.40	3.35	ativo
	23	0	3.80	3.20	2.40	3.00	3.1	ativo
35	21	1	3.60	2.80	2.60	3.60	3.15	ativo
		0	4.00	3.40	3.20	3.60	3.55	ativo
		1	3.60	3.20	3.40	3.20	3.35	ativo
		0	2.80	3.00	3.20	3.40	3.1	ativo
		1	4.20	3.40	2.20	3.00	3.2	ativo
40		1	3.00	3.00	3.80	3.60	3.35	ativo
	21	1	3.20	3.00	3.60	3.00	3.2	ativo
42		0	2.80	3.40	3.20	3.40	3.2	ativo
43	18	0	3.00	3.40	3.20	3.00	3.15	ativo

		1	2.80	3.20	2.20	3.60	2.95	retirado
45	18	0	3.20	2.60	3.40	3.40	3.15	ativo
46		1	4.00	3.00	2.60	3.00	3.15	ativo
		1	3.60	3.20	3.40	3.40	3.4	ativo
48		0	3.20	3.00	3.20	3.00	3.1	ativo
49		1	3.00	3.00	2.40	3.20	2.9	retirado
50	21	0	3.40	3.00	3.40	3.00	3.2	ativo
51		1	3.20	3.40	3.00	3.80	3.35	ativo
52	21	0	4.00	3.40	2.80	4.40	3.65	ativo
		1	3.60	2.40	3.40	2.80	3.05	ativo
		1	3.60	2.80	3.00	3.80	3.3	ativo
55		1	3.80	2.80	3.60	2.80	3.25	ativo
56		1	3.80	2.80	3.00	3.40	3.25	ativo
		1	2.60	3.20	2.60	3.80	3.05	ativo
58		0	3.40	3.20	2.60	3.00	3.05	ativo
59	21	1	2.20	2.80	2.40	3.20	2.65	retirado
		1	3.00	3.60	2.20	3.40	3.05	ativo
		0	3.60	3.00	2.60	3.80	3.25	ativo
	25	0	2.40	3.20	3.00	3.00	2.9	retirado
63		1	3.00	3.00	3.40	2.80	3.05	ativo
		1	3.00	3.40	3.40	2.80	3.15	ativo
65		0	4.60	3.00	3.20	3.60	3.6	ativo
		1	4.20	3.00	3.20	3.00	3.35	ativo
67	25	1	4.00	3.60	3.00	3.40	3.5	ativo
		1	3.00	3.00	2.80	3.40	3.05	ativo
69		0	3.00	2.60	3.00	3.80	3.1	ativo
70		1	2.60	2.60	2.80	3.20	2.8	retirado

71	**21**	**0**	3.80	2.80	3.20	3.00	3.2	ativo
		1	3.60	3.40	2.20	3.60	3.2	ativo
	25	**0**	3.20	3.00	3.40	3.40	3.25	ativo
	23	**1**	4.00	3.40	3.00	3.40	3.45	ativo
75	**21**	**1**	2.40	3.00	3.00	3.20	2.9	retirado
	21	**1**	3.20	3.60	3.20	4.00	3.5	ativo
		1	3.20	3.40	3.00	3.00	3.15	ativo
		0	3.40	3.40	2.80	3.40	3.25	ativo
79		**0**	3.80	3.00	3.40	3.20	3.35	ativo
80		**1**	4.20	3.00	3.60	3.60	3.6	ativo
81		**1**	4.20	3.00	2.80	3.80	3.45	ativo
82	**21**	**1**	3.80	3.00	3.60	3.00	3.35	ativo
		0	2.60	3.20	3.00	3.40	3.05	ativo
84		**1**	3.40	3.00	3.40	3.00	3.2	ativo
85	**23**	**1**	3.60	2.40	3.40	3.00	3.1	ativo
86		**0**	3.80	3.20	3.20	3.20	3.35	ativo
87	**23**	**1**	3.60	2.80	3.40	3.20	3.25	ativo
88		**0**	3.20	3.60	2.80	3.60	3.3	ativo
89		**1**	2.80	2.80	3.20	3.40	3.05	ativo
90		**0**	3.00	3.00	2.20	3.40	2.9	retirado
91		**0**	3.80	3.40	2.40	3.80	3.35	ativo
92		**1**	3.80	2.60	2.80	3.40	3.15	ativo
93		**1**	3.60	3.00	2.40	4.00	3.25	ativo
94		**1**	3.80	3.20	3.80	3.00	3.45	ativo
95	**21**	**1**	3.20	3.00	3.20	3.00	3.1	ativo
		0	3.60	3.00	3.40	2.40	3.1	ativo
	21	**1**	3.00	3.20	2.80	4.00	3.25	ativo

98	**23**	**0**	3.80	3.00	2.20	3.80	3.2	ativo
99		**1**	3.00	3.20	3.40	2.80	3.1	ativo
100	**25**	**0**	3.20	3.40	2.80	3.60	3.25	ativo
101	**21**	**1**	3.20	2.80	2.60	3.00	2.9	retirado
102	**25**	**0**	3.80	3.60	3.00	3.60	3.5	ativo
103	**18**	**1**	2.80	2.80	3.00	2.80	2.85	retirado
104		**0**	3.80	4.20	3.00	3.80	3.7	ativo
105	**25**	**1**	3.60	3.00	3.00	3.00	3.15	ativo
106		**0**	3.00	3.20	2.80	3.00		retirado
107		**1**	3.60	3.20	2.20	3.40	3.1	ativo
108		**0**	3.00	2.80	3.20	3.20	3.05	ativo
109		**0**	4.40	3.00	3.20	3.40	3.5	ativo
110		**1**	3.20	3.00	3.20	3.00	3.1	ativo
111		**0**	2.80	3.40	3.20	3.00	3.1	ativo
		1	3.00	2.60	3.40	3.40	3.1	ativo
113		**1**	2.80	3.20	3.20	3.80	3.25	ativo
114	**21**	**0**	4.20	2.80	3.60	3.40	3.5	ativo
115	**18**	**1**	3.60	3.00	2.20	3.40	3.05	ativo
	23	**0**	3.40	3.20	2.40	3.40	3.1	ativo
117	**23**	**1**	3.80	3.20	3.20	3.80	3.5	ativo
		0	3.60	3.00	3.20	3.40	3.3	ativo
	21	**1**	3.00	2.60	3.60	2.80		retirado
120		**0**	3.00	3.40	3.40	3.60	3.35	ativo
		1	4.20	3.20	3.60	3.00	3.5	ativo
		1	3.20	3.20	3.20	3.80	3.35	ativo
123		**1**	3.80	2.20	3.80	2.80	3.15	ativo
124		**0**	3.40	3.40	3.20	3.80	3.45	ativo

125		1	3.20	3.00	3.00	3.00	3.05	ativo
126	23	1	2.80	2.80	3.40	3.20	3.05	ativo
		0	3.00	3.80	3.20	3.40	3.35	ativo
		0	3.20	3.00	3.20	2.60		retirado
		1	3.00	3.00	2.80	3.80	3.15	ativo
130		1	3.20	3.60	2.80	3.20	3.2	ativo
131		0	3.60	3.40	2.60	3.20	3.2	ativo
132	23	1	3.00	2.40	2.60	3.40	2.85	retirado
133		1	3.20	3.60	2.60	3.20	3.15	ativo

Legenda:

FP = Fator pessoal

FA = Fator Académico

FS = Fator Social

FI = Fator Institucional

De acordo com o modelo preditivo, existem 21 estudantes identificados para abandonar a universidade, com uma nota média inferior a 3,01. Esta previsão foi feita com base numa amostra de 133 estudantes comunicada pelo gabinete académico.

CAPÍTULO V

APRESENTAÇÃO DOS RESULTADOS

Este capítulo permitir-nos-á descrever e analisar cada uma das dimensões estabelecidas nas variáveis dependentes, que foram extraídas das fichas técnicas aplicadas aos alunos do primeiro ciclo dos diferentes programas universitários da Universidade para o Desenvolvimento Andino.

5.1. Apresentação e interpretação dos dados

5.1.1. Dimensão 01: Factores pessoais

Um resumo dos resultados agrupados por dimensão foi obtido a partir da folha de dados do inquérito para este fator, ver quadro 4.

Tabela 4

Factores pessoais

	FACTOR PESSOAL					%
	P1	P2	P3	P4	P5	
Nunca			45		1	11.28
Quase nunca	8		42	5	5	10.38
Por vezes			40		50	31.73
A maior parte do tempo	45		5	31	43	23.46
Sempre		29	1			23.16
Total	**133**	**133**	**133**	**133**	**133**	**100**

A perceção dos estudantes sobre o abandono escolar como resultado de factores pessoais na Universidade mostra que 11,28% mencionaram que nunca tiveram factores relacionados com a família (expectativas de carreira, influência dos pais, influência da idade, motivação familiar, aceitação na sala de aula) para tomar a decisão de abandonar, 10,38% quase nunca, 31,73% às vezes, 23,46% quase sempre e 23,16% sempre.

5.1.2. Dimensão 02: Factores académicos

Uma síntese dos resultados agrupados por dimensão foi obtida a partir da ficha de inquérito técnico relativa a este fator, ver quadro 5.

Tabela 5

Factores académicos

	FACTOR ACADÉMICO					%
	P6	**P7**	**P8**	**P9**	**P10**	
Nunca	1	1	0	102		16.24
Quase nunca					10	7.67
Por vezes	87				30	36.24
A maior parte do tempo			67	1	79	31.88
Sempre				0	10	7.97
Total	**133**	**133**	**133**	**133**	**133**	**100**

No que diz respeito à deserção dos estudantes como consequência do fator académico na universidade, 16,24% dos estudantes afirmaram que nunca tiveram incidentes académicos (metodologia de ensino, orientação adequada, cumprimento do programa, desempenho académico, satisfação com o ensino) e que isso foi motivo de abandono dos estudos, 7,67% quase nunca, 36,24% às vezes, 31,88% quase sempre e 7,97% sempre.

5.1.3. Dimensão 03: Factores socioeconómicos

Uma síntese dos resultados agrupados por dimensão foi obtida a partir da ficha de inquérito técnico relativa a este fator, ver quadro 6.

Tabela 6

Factores socioeconómicos

	FACTOR SOCIOECONÓMICO					%
	P11	P12	P13	P14	P15	
Nunca						8.27
Quase nunca			26		23	15.49
Por vezes					70	49.02
A maior parte do tempo			18	29	26	21.20
Sempre				5	8	6.02
Total	**133**	**133**	**133**	**133**	**133**	**100**

Em relação à deserção dos estudantes como consequência do fator socioeconómico na Universidade, 8,27% dos estudantes afirmaram que nunca tiveram factores socioeconómicos (autoeducação, rendimentos suficientes, tabelas salariais adequadas, horários de estudo adequados, descontos e bolsas) para abandonar os estudos, 15,49% quase nunca, 49,02% às vezes, 21,20% quase sempre e 6,02% sempre.

5.1.4. Dimensão 04: Factores institucionais

Um resumo dos resultados agrupados por dimensão foi obtido a partir da ficha de inquérito técnico para este fator, ver quadro 7.

Tabela 7

Factores institucionais

	FACTOR INSTITUCIONAL					%
	P1	P2	P3	P4	P5	
Nunca	0		1		1	1.80
Quase nunca			8	26	8	17.29
Por vezes	50	45	48			36.24
A maior parte do tempo	55			35	70	36.39
Sempre			8		18	8.27
Total	**133**	**133**	**133**	**133**	**133**	**100**

Por outro lado, verifica-se também que, no que diz respeito à deserção dos estudantes como consequência de factores institucionais, que motivam os estudantes a abandonar os seus estudos na Universidade, 1,80% dos estudantes afirmaram que nunca tiveram factores institucionais (actividades extra-curriculares, biblioteca adequada, cumprimento dos objectivos institucionais, serviços de psicologia e tutoria adequados, programas de estudo actualizados e flexíveis), 17,29% quase nunca, 36,24% às vezes, 36,39% quase sempre e 8,27% sempre.

5.2. Teste de hipóteses

01Para o teste das hipóteses planeadas sobre a influência que o algoritmo de regressão logística tem na identificação dos alunos que vão abandonar a Universidade, propõem-se a hipótese nula (H) e as hipóteses alternativas (H), com uma escolha de significância = 0,05, e com um nível de confiança de 95%; dado que os dados obtidos são qualitativos, optou-se pelo teste estatístico do qui-quadrado.

5.2.1. Testar a hipótese geral

Passo 1: Configurar o sistema de hipóteses:

$_{0}$H : O algoritmo de regressão logística não influencia significativamente a identificação do desgaste dos estudantes na Universidade para o Desenvolvimento Andino 2019.

$_{1}$H : O algoritmo de regressão logística influencia significativamente a identificação do desgaste dos estudantes na Universidade para o Desenvolvimento Andino 2019.

Passo 2: Estimativa do valor P:

Para a estimativa do valor de p, aplicámos o qui-quadrado para determinar o teste de hipótese.

Mesa 8

Resultados para determinar o valor de p entre as variáveis da regressão logística e o abandono escolar.

Testes de qui-quadrado

	Valor	df	Significância assintótica (bilateral)
Qui-quadrado de Pearson	133,000[a]		,000
Rácio de verosimilhança	116,019		,000
N de casos válidos	133		

Conclusão:

O resultado do p-value = 1,0643E-18 é inferior a 0,05 (nível de significância), pelo que mantemos a hipótese de investigação e rejeitamos a hipótese nula, ou seja: "O algoritmo de regressão logística influencia significativamente a identificação do desgaste dos estudantes na Universidade para o Desenvolvimento Andino no ano de 2019".

5.2.2. *Teste da hipótese específica 1*

Passo 1: Configurar o sistema de hipóteses:

$_0H$: O algoritmo de regressão logística não influencia significativamente a identificação do desgaste dos estudantes através do fator pessoal na Universidade para o Desenvolvimento Andino 2019.

$_1H$: O algoritmo de regressão logística influencia significativamente a identificação do desgaste dos alunos através do fator pessoal na Universidade para o Desenvolvimento Andino 2019.

Passo 2: Estimativa do valor P:

Para a estimativa do valor de p, aplicámos o qui-quadrado para determinar o teste de hipótese.

Tabela 9

Resultados para determinar o valor de p entre as variáveis regressão logística e fator pessoal.

Testes de qui-quadrado			
	Valor	df	Significância assintótica (bilateral)
Qui-quadrado de Pearson	498,858[a]	240	,000
Rácio de verosimilhança	194,999	240	,985
Linear por associação linear	62,084	1	,000
N de casos válidos	133		

Conclusão:

O resultado do valor p = 2,7766E-20 é inferior a 0,05 (nível de significância), pelo que mantemos a hipótese de investigação e rejeitamos a hipótese nula, ou seja: "O algoritmo de regressão logística ***influencia significativamente*** a identificação do desgaste dos estudantes através do fator pessoal na Universidade para o Desenvolvimento Andino no ano de 2019".

5.2.3. Teste da hipótese específica 2

Passo 1: Configurar o sistema de hipóteses:

$_0H$: O algoritmo de regressão logística não influencia significativamente a identificação do desgaste dos estudantes através do fator académico na Universidade para o Desenvolvimento Andino 2019.

$_1H$: O algoritmo de regressão logística influencia significativamente a identificação do desgaste dos estudantes através do fator académico na Universidade para o Desenvolvimento Andino 2019.

Passo 2: Estimativa do valor P:

Para a estimativa do valor de p, aplicámos o qui-quadrado para determinar o teste de hipótese.

Mesa 10

Resultados para determinar o valor de p entre as variáveis da regressão logística e o fator académico.

Testes de qui-quadrado			
	Valor	df	Significância assintótica (bilateral)
Qui-quadrado de Pearson	273,202[a]		,000
Rácio de verosimilhança	161,653		,833
Linear por associação linear	25,057	1	,000
N de casos válidos	133		

Conclusão:

O resultado do p-value = 0,000009 é inferior a 0,05 (nível de significância), pelo que mantemos a hipótese de investigação e rejeitamos a hipótese nula, ou seja: "O algoritmo de regressão logística ***influencia significativamente*** a identificação do desgaste dos estudantes através do fator académico na Universidade para o Desenvolvimento Andino no ano de 2019".

5.2.4. Teste da hipótese específica 3

Passo 1: Configurar o sistema de hipóteses:

$_{0}H$: O algoritmo de regressão logística não influencia significativamente a identificação do desgaste dos estudantes através do fator socioeconómico na Universidade para o Desenvolvimento Andino 2019.

$_{1}H$: O algoritmo de regressão logística influencia significativamente a identificação do desgaste dos estudantes através do fator socioeconómico na Universidade para o Desenvolvimento Andino 2019.

Passo 2: Estimativa do valor P:

Para a estimativa do valor de p, aplicámos o qui-quadrado para determinar o teste de hipótese.

Mesa 11

Resultados para determinar o valor de p entre as variáveis da regressão logística e o fator socioeconómico.

Testes de qui-quadrado			
	Valor	df	Significância assintótica (bilateral)
Qui-quadrado de Pearson	202,306[a]		,122
Rácio de verosimilhança	149,549		,953
Linear por associação linear	19,467	1	,000
N de casos válidos	133		

Conclusão:

O resultado do p-value = 0,121986 é superior a 0,05 (nível de significância), pelo que mantemos a hipótese nula e rejeitamos a hipótese de investigação, ou seja: "O algoritmo de regressão logística ***não influencia significativamente*** a identificação do desgaste dos alunos através do fator socioeconómico na Universidade para o Desenvolvimento Andino ano 2019".

5.2.5. Teste da hipótese específica 4

Passo 1: Configurar o sistema de hipóteses:

$_0$H : O algoritmo de regressão logística não influencia significativamente a identificação do desgaste dos estudantes através do fator estudante na Universidade para o Desenvolvimento Andino 2019.

$_1$H : O algoritmo de regressão logística influencia significativamente a identificação do desgaste dos alunos através do fator aluno na Universidade para o Desenvolvimento Andino ano 2019.

Passo 2: Estimativa do valor P:

Para a estimativa do valor de p, aplicámos o qui-quadrado para determinar o teste de hipótese.

Mesa 12 Resultados para determinar o valor de p entre as variáveis da regressão logística e o fator institucional.

Testes de qui-quadrado

	Valor	df	Significância assintótica (bilateral)
Qui-quadrado de Pearson	414,539[a]	200	,000
Rácio de verosimilhança	167,820	200	,953
Linear por associação linear	32,477	1	,000
N de casos válidos	133		

Conclusão:

O resultado do p-value = 4,2605E-17 é inferior a 0,05 (nível de significância), pelo que mantemos a hipótese de investigação e rejeitamos a hipótese nula, ou seja: "O algoritmo de regressão logística ***influencia significativamente*** a identificação do desgaste dos alunos através do fator aluno na Universidade para o Desenvolvimento Andino no ano de 2019".

5.2.6. Discussão dos resultados

Relativamente aos resultados obtidos estão de acordo com os resultados de Lizares (2017) na tese intitulada "Comparação de modelos de classificação: regressão logística e árvores de classificação para avaliar o desempenho académico" onde refere que as técnicas de mineração de dados árvores de classificação revela-se uma ferramenta eficaz para obter um modelo que permita prever o desempenho académico deve ser usado em estudos educacionais.

O nosso trabalho também demonstrou que a utilização de algoritmos de Aprendizagem Automática (classificação) é uma excelente ferramenta para prever o abandono escolar dos estudantes, permitindo-nos determinar os factores críticos e tomar medidas nos domínios da assistência social e da tutoria universitária.

Este estudo abre novas linhas de investigação e de pesquisa futura na Escola de Graduação da Universidade Nacional de Huancavelica, onde se pode determinar a eficiência e eficácia dos serviços e programas da universidade. Por exemplo, seria muito importante realizar uma análise com mais de 02 variáveis independentes, a fim de determinar melhor os factores críticos que influenciam a deserção dos estudantes.

Também é necessário mencionar que o estudo teve algumas limitações no que diz respeito à aprendizagem do modelo, uma vez que para treinar o modelo é necessário dispor de informação histórica suficiente, pelo que se sugere aos gabinetes de admissão, de assistência universitária e de tutoria que armazenem toda a informação académica, psicológica, económica e outra dos estudantes, pois esta informação é muito útil para obter um melhor modelo de previsão.

Conclusões

- Foi determinado que o uso de um modelo de previsão baseado no algoritmo de Regressão Logística influencia significativamente a identificação da deserção de estudantes na Universidade para o Desenvolvimento Andino em 2019. Existe uma diferença significativa nas médias de Deserção de Estudantes antes e depois da implementação do modelo de Regressão Logística com uma significância de 0,05.
- O fator socioeconómico não tem uma influência significativa na determinação do abandono dos estudantes, uma vez que a universidade aplica programas de apoio económico (bolsas de estudo, bolsas de estudo, cantina, residência estudantil, entre outros) devido à zona em que se encontra.
- Deteção precoce de estudantes com elevado risco de abandono escolar na Universidade para o Desenvolvimento Andino em 2019. A utilização deste modelo preditivo ajudou a identificar 21 potenciais desistentes nos diferentes programas académicos. Como resultado, foram implementadas novas estratégias nos serviços de assistência social e de tutoria da universidade. A cantina e os serviços de saúde foram melhorados e foram disponibilizadas tutorias personalizadas e em grupo.
- Por outro lado, o estudo também nos ajudou a identificar melhor o padrão dos factores de risco mais recorrentes nos estudantes universitários, com os factores económicos e sociais a terem a maior ocorrência e os factores familiares e académicos a terem a menor ocorrência, de acordo com o conjunto de dados utilizado para treinar o modelo.

Recomendações

- Sugere-se a realização do estudo com uma população estratificada mais representativa e uma amostra que inclua estudantes de outros níveis da universidade. Seria muito importante trabalhar com uma confiança de 97% e uma margem de erro menor. Para o efeito, deveria ser constituída uma comissão para trabalhar na análise destas variáveis.
- Os programas de assistência social e o sistema de tutoria devem dispor de mais instrumentos analíticos baseados em dados históricos, a fim de criar um sistema de alerta precoce para determinar potenciais abandonos da universidade.
- Recomenda-se a utilização de mais factores que influenciam o abandono escolar, aumentando assim a eficácia do modelo e melhorando a precisão das previsões a fazer.

Referências bibliográficas

- Amaya, G. S., Salcedo, W. N., & Valencia, A. D. G. G. J. P. S. (2009). Factores de deserção estudantil na Universidade Surcolombiana (14), 97-103.
- Arismendy Fuentes, C. A., & Morales Parrado, N. L. (2018). Modelo de regressão logística como alternativa para medir a probabilidade de abandono precoce na Universidade de los Llanos Período 2015-2, 2018-1.
- Castrillón, O. D., Sarache, W., & Ruiz-Herrera, S. (2020). Previsão do rendimento académico através de técnicas de inteligência artificial. *Formación universitaria, 13*(1), 93-102.
- Cázares, G. I., & Páez, R. C. M. M. J. R. R. R. C. R. R. d. l. C. (2017). Desafios da educação face ao abandono universitário. Revisão sistemática. *1*(2), 15-21.
- Chitarroni, H. (2002). Regressão logística.
- Himmel, E. J. C. C. e. l. E. (2002). Um modelo de análise do abandono escolar no ensino superior. (17), 91-108.
- Jiménez, M. V. G., Izquierdo, J. M. A., & Blanco, A. J. J. P. (2000). Previsão do desempenho académico: regressão linear versus regressão logística. *12*(Su2), 248-525.
- MUÑOZ, J. S. Á., & MARTÍNEZ, A. A. A. J. R. I. d. C. S. y. H., SOCIOTAM. (2017). A problemática do abandono escolar na produção científica educacional. *27*(1), 89-112.
- Páramo, G., & Correa Maya, C. J. R. u. E. (2012). Deserção de estudantes universitários. Conceptualização. *35*(114), 65-78.
- Pedroza-Cruz, B., Burciaga-Ramos, N.-P., Chimal-Torres, N., & Terrazas-Lara, A. (2014). Análise da evasão escolar no nível superior: Uma aproximação à realidade da população estudantil no estado de Guanajuato.

- Pérez, A., Grandón, E. E., Caniupán, M., & Vargas, G. J. A. (2013). Análise comparativa de técnicas de previsão para determinar o atrito do aluno: Regressão logística vs. árvores de decisão. *2014*, 2015.
- Pérez, A. M., Escobar, C. R., Toledo, M. R., Gutierrez, L. B., & Reyes, G. M. J. E. E. P. P. R. R. d. F. d. E. d. U. d. d. S. P. (2018). Modelo de previsão de abandono do aluno do primeiro ano na Universidad Bernardo O 'Higgins. *44*, 86.
- Reche, J. L. C. (2013). Regressão logística com R.
- Sánchez-Hernández, G., Barboza-Palomino, M., & Castilla-Cabello, H. J. A. P. (2017). Análise do desgaste e fatores associados à retenção de estudantes numa universidade peruana. *1*(69), 169-191.
- Velásquez, J. V., Vélez, E. C., Gómez, S. G., & Portilla, K. G. (2003). *Determinantes da deserção de estudantes na Universidade de Antioquia.*
- Cázares, G. I., & Páez, R. C. M. (2017). Desafios da educação face ao abandono universitário. Revisão sistemática. *Revista Científica Retos de la Ciencia*, *1*(2), 15-21.
- MUÑOZ, J. S. Á., & MARTÍNEZ, A. A. (2017). A problemática do abandono escolar na produção científica educacional. *Revista Internacional de Ciências Sociais e Humanas, SOCIOTAM*, *27*(1), 89-112.
- Pedroza-Cruz, B., Burciaga-Ramos, N. P., Chimal-Torres, N., & Terrazas-Lara, A. Análise do abandono escolar no ensino superior: uma abordagem à realidade da população estudantil no estado de Guanajuato.
- Sánchez-Hernández, G., Barboza-Palomino, M., & Castilla-Cabello, H. J. A. P. (2017). Análise do desgaste e fatores associados à retenção de estudantes numa universidade peruana. 1(69), 169-191.

- Pérez, A., Grandón, E. E., Caniupán, M., & Vargas, G. (2013). Análise comparativa de técnicas de previsão para determinar o atrito do aluno: Regressão Logística vs Árvores de Decisão. *Arquitetura, 2014*, 2015.
- Chitarroni, H. (2002). Regressão logística.
- Amaya, G. S., Salcedo, W. N., & Valencia, A. D. G. (2009). Fatores de deserção estudantil na Universidad Surcolombiana. *Paideia Surcolombiana*, (14), 97-103.
- Velásquez, J. V., Vélez, E. C., Gómez, S. G., & Portilla, K. G. (2003). *Determinantes da deserção de estudantes na Universidade de Antioquia* (No. 002303). Universidade de Antioquia-CIE.
- Arismendy Fuentes, C. A., & Morales Parrado, N. L. (2018). Modelo de regressão logística como alternativa para medir a probabilidade de abandono precoce na Universidade de los Llanos Período 2015-2, 2018-1.
- Pérez, A. M., Escobar, C. R., Toledo, M. R., Gutierrez, L. B., & Reyes, G. M. (2018). Modelo de predição da desistência de alunos do primeiro ano na Universidad Bernardo O' Higgins. *Educaçao e Pesquisa: Revista da Faculdade de Educação da Universidade de São Paulo, 44*, 86.
- Biron Lattes, M. I. (2012). Desenvolvimento e avaliação de metodologias para a aplicação de regressões logísticas em modelos comportamentais sob o pressuposto de independência.
- Himmel, E. (2002). Um modelo de análise do abandono escolar no ensino superior. *Qualidade na Educação*, (17), 91-108.
- Páramo, G., & Correa Maya, C. (2012). Deserção de estudantes universitários. Conceptualização. *Revista universidad EAFIT, 35*(114), 65-78.
- Amaya, G. S., Salcedo, W. N., & Valencia, A. D. G. (2009). Fatores de deserção estudantil na Universidad Surcolombiana. *Paideia Surcolombiana*, (14), 97-103.

- eche, J. L. C. (2013). Regressão logística com R.
- Aboobyda J. & Taring M. (2016). Desenvolvimento de modelo de previsão de risco de empréstimo em bancos usando mineração de dados (Vol. 3). Khartoum, Sudão.
- Alpaydin E. (2010). Introdução à aprendizagem automática (2.ª edição). Cambridge, EUA: Instituto de Tecnologia de Massachusetts.
- Educativa, M. d. (2012). Metodologia para a Orientação de Tutoria em Educação a Distância, Módulo 2.
- Gonzales, Andres (2014) O que é a aprendizagem automática? Recuperado de http://cleverdata.io/quees-machine-learning-big-data/
- Hernández, R., Fernández, C., & Batista, M. (2014). Metodologia de investigação. México: Mc Graw Hill.
- Ian H. & Eibe F. (2005). Data Mining Practical Machine Learning Tools and Techniques (2ª Edição). São Francisco, EUA: Elsevier.
- IBM (2012). Manual do IBM SPSS Modeler 15 CRISP-DM. Estados Unidos: IBM Corporation.
- IESALC (2007). Instituto Internacional para o Ensino Superior na América Latina e nas Caraíbas. Bogotá.
- Kavitha K. (2016). Agrupamento de requerentes de empréstimos com base na percentagem de risco utilizando técnicas de agrupamento K-means (Vol. 3). Kodaikanal, Índia.

Anexos

Matriz de coerência

"Influência do Algoritmo de Regressão Logística para a Identificação do Atrito Estudantil na Universidade para o Desenvolvimento Andino".

PROBLEMAS	OBJECTIVOS	HIPÓTESE	VARIÁVEIS	SUBVARIÁVEIS (Dimensões)	INDICADORES	METODOLOGIA
Problema geral	***Objetivo geral***	***Hipótese geral***	***Dependente***			**Método de investigação:** Empírico - Estatístico matemático. **Tipo de investigação:** Tecnológica/Aplicada **Nível de investigação:** Preditivo **Conceção da**
Como é que o algoritmo de regressão logística influencia a identificação do desgaste dos alunos na Universidade para o Desenvolvimento Andino 2019?	Demonstrar como o algoritmo de regressão logística influencia a identificação do desgaste dos alunos na Universidade para o Desenvolvimento Andino em 2019.	O algoritmo de regressão logística influencia significativamente a identificação do desgaste dos alunos na Universidade para o Desenvolvimento Andino 2019	Regressão logística	Modelo linear generalizado	Variável de resposta Variável explicativa	
Problemas específicos	***Objectivos específicos***	***Hipóteses específicas***	***Independente***			
Como é que o algoritmo de regressão logística influencia a identificação do desgaste dos alunos	Demonstrar como o algoritmo de regressão logística influencia a identificação do desgaste	O algoritmo de regressão logística influencia significativamente a identificação do desgaste	Deserção de estudantes	Factores pessoais	Incidências de factores familiares	

como um fator pessoal na Universidade para o Desenvolvimento Andino 2019?	dos alunos como um fator pessoal na Universidade para o Desenvolvimento Andino em 2019.	do aluno como um fator pessoal na Universidade para o Desenvolvimento Andino 2019.				**investigação:** Quasi-experimental **População:** Estudantes do primeiro ciclo **Amostragem:** Aleatório simples 133 estudantes **Técnicas:** - Recolha de dados - Inquérito **Instrumentos:** - Documentários - Questionário
Como é que o algoritmo de regressão logística influencia a identificação do desgaste dos estudantes como um fator académico na Universidade para o Desenvolvimento Andino 2019?	Demonstrar como o algoritmo de regressão logística influencia a identificação do desgaste dos alunos como um fator académico na Universidade para o Desenvolvimento Andino em 2019.	O algoritmo de regressão logística influencia significativamente a identificação do desgaste dos estudantes como um fator académico na Universidade para o Desenvolvimento Andino 2019		Factores académicos	Incidentes de fator académico	
Como é que o algoritmo de regressão logística influencia a identificação do desgaste dos estudantes como um fator socioeconómico na Universidade para o Desenvolvimento Andino 2019?	Demonstrar como o algoritmo de regressão logística influencia a identificação do abandono escolar como um fator socioeconómico na Universidade para o Desenvolvimento Andino em 2019.	O algoritmo de regressão logística influencia significativamente a identificação do abandono escolar como um fator socioeconómico na Universidade para o Desenvolvimento Andino 2019		Factores socioeconómicos	Incidências de factores económicos Incidências de factores sociais	

Como é que o algoritmo de regressão logística influencia a identificação do desgaste dos alunos como um fator estudantil na Universidade para o Desenvolvimento Andino 2019?	Demonstrar como o algoritmo de regressão logística influencia a identificação do desgaste dos alunos como um fator estudantil na Universidade para o Desenvolvimento Andino em 2019.	O algoritmo de regressão logística influencia significativamente a identificação do desgaste dos alunos como um fator estudantil na Universidade para o Desenvolvimento Andino 2019		Factores institucionais	Incidentes de factores institucionais	

MIX
Papier aus verantwortungsvollen Quellen
Paper from responsible sources
FSC® C105338

Printed by Books on Demand GmbH, Norderstedt / Germany